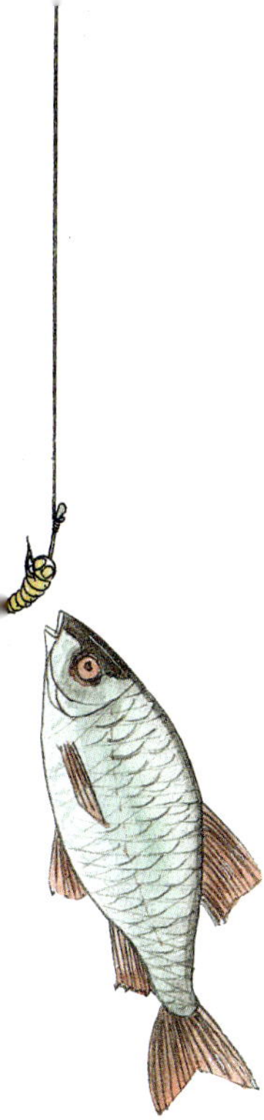

LA PÊCHE EN EAU DOUCE

Textes de Michel Roussillat
Illustrations de Pierre Ballouhey

MILAN

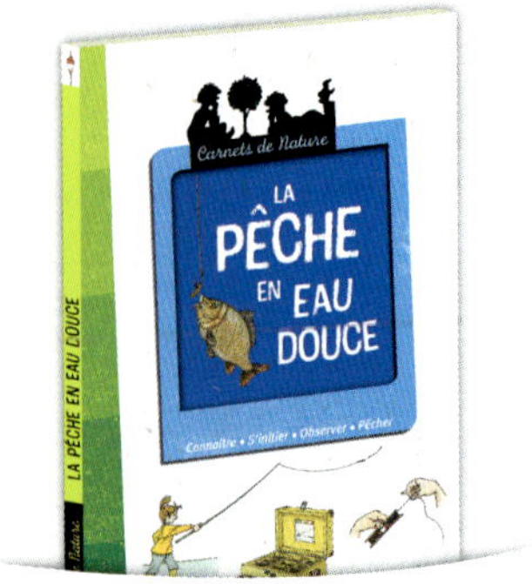

Carnets de Nature

Ton carnet a été conçu pour que tu puisses t'en servir directement dans la nature : grâce à son petit format, tu peux facilement le glisser dans ta poche ou ton sac à dos, et l'avoir ainsi toujours avec toi lors de tes balades-découvertes.

Ton carnet t'apprend tout ce qu'il faut savoir sur la pêche en eau douce. Il te présente le matériel dont tu auras besoin pour monter tes lignes, fils, hameçons, flotteurs, plombs, etc., te renseigne sur les esches végétales et animales et t'initie à la pêche au lancer et aux gros poissons. Tu trouveras également des renseignements sur la réglementation de cette activité et sur les cartes de pêche qu'il faudra te procurer pour pouvoir enfin devenir un grand pêcheur !

Sommaire

***L'index** te permettra de retrouver rapidement les notions que tu cherches.*

Chaque double page te propose soit une présentation du matériel, soit une mise en situation. N'hésite pas à demander l'aide d'un adulte pour tout ce qui te paraît un peu compliqué.

Tu trouveras donc :

Des encadrés qui te fournissent des informations complémentaires.

Le type de pêche en question.

Un texte général qui te présente ce type de pêche.

Des conseils qui te permettent de mieux aborder ton activité.

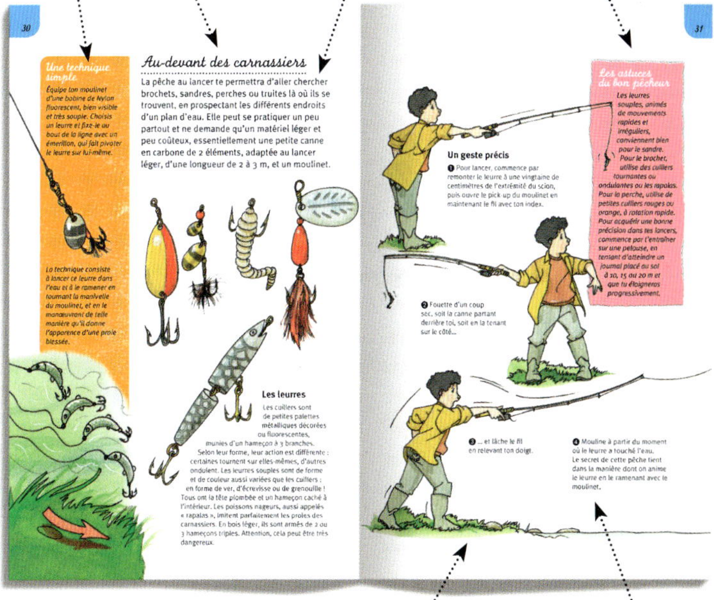

Des dessins techniques qui te montrent comment procéder.

Des indications numérotées, lorsque cela est nécessaire, qui te donnent la marche à suivre.

Il n'est pas si évident de savoir pêcher. Le rôle de ce carnet est de te familiariser avec cette activité particulière et ses lois précises, et avec le monde des étangs et des rivières.

*Tu trouveras des **gros plans** sur les points délicats à réaliser.*

Qu'est-ce que la pêche ?

Devenir pêcheur, c'est faire son entrée dans un monde particulier. Tu y rencontreras des gens passionnés, qui utilisent le même vocabulaire, adoptent les mêmes règles de conduite, partagent le même respect de l'environnement et des poissons. Pêcher, c'est aussi partager des secrets que les anciens se feront un plaisir de te dévoiler.

Lire l'eau

Arrivé au bord de l'eau, et avant même de tremper son fil, tout pêcheur commence par observer la vitesse du courant, la couleur et la hauteur de l'eau. Mais il sait aussi tenir compte de la saison, de la température, du vent, du soleil ou de la pluie, de la lune... Le pêcheur adapte son mode de pêche aux conditions du jour. Art beaucoup plus subtil qu'il n'y paraît, la pêche à la ligne réclame des qualités d'observation, d'analyse et de mémoire. Tu apprendras au fur et à mesure de tes expériences.

Le 6e sens des poissons

Les poissons ont aussi un 6e sens, une sorte de radar situé de chaque côté du corps et appelé ligne latérale. Cet organe détecte à la fois les ondes sonores et les vibrations, signale les mouvements dans l'eau des autres poissons et des prédateurs. Pour les prendre, il te faudra te montrer plus malin qu'eux !

Connaître les poissons

Pour pêcher, il faut aussi comprendre comment les poissons vivent au fil des saisons, les époques où ils se reproduisent et où il faut les laisser tranquilles, celles où ils mordent et la manière que chaque espèce a de s'alimenter, les endroits qu'ils préfèrent, la façon dont ils se rassemblent ou se protègent de leurs prédateurs.

Tous sens en éveil

Comme la plupart des animaux, les poissons possèdent les 5 sens habituels et sont bien armés pour se défendre. Leurs yeux leur permettent de distinguer leur nourriture, mais aussi les variations de la luminosité et les ombres, même celles qui passent sur la berge ! L'ouïe est également un sens développé chez les poissons, qui sont capables de détecter un bruit inhabituel ou une présence au bord de l'eau. Leur goût et leur odorat, très sensibles, les guident dans la recherche de leur nourriture. Leur sens du toucher est localisé dans les barbillons et les écailles.

La pêche au coup

Canne en main, le pêcheur au coup se concentre sur son flotteur en attendant qu'il plonge. Simple en apparence, la pêche au coup réclame néanmoins beaucoup de rigueur dans sa préparation et de subtilité dans sa conduite.

Tes premiers poissons

Commence par la pêche aux poissons blancs, ablettes, gardons, rotengles ou goujons, ce que l'on appelle la friture. Tu apprendras les gestes essentiels, tu déchiffreras les secrets de l'eau, tu comprendras les modes de vie et les habitudes des poissons. Devenu un pêcheur plus expérimenté, tu pourras t'attaquer aux brochets ou aux carpes, aux sandres ou aux truites.

Ablette

Goujon

Rotengle

Gardon

La pêche en rivière

Recherche une zone de courant calme. Choisis un poste juste en aval d'un obstacle : c'est dans ces remous que se tiennent les poissons. Un confluent, à l'endroit où les eaux de 2 rivières se mélangent, est aussi un lieu fréquenté par les poissons, qui y trouvent une nourriture riche et variée.

Où vivent les poissons blancs ?

On les trouve en grand nombre aussi bien dans les eaux courantes des rivières que dans les eaux calmes des étangs, des lacs ou des canaux. Pour débuter, recherche un endroit tranquille où tu t'installeras avec ton matériel pour toute la durée de la partie de pêche.

La pêche en étang ou en lac

Le fond y est souvent plus régulier qu'en rivière et les poissons y circulent un peu partout. Les herbiers sont de bonnes caches pour les poissons.

Prudence avant tout

Installe-toi dans un endroit sans rives abruptes : attention aux glissades dans l'eau, tout pêcheur devrait savoir nager tout habillé ! Fais-toi accompagner par une grande personne. Si tu pars seul, emporte ta montre : tu sauras l'heure et tu rentreras avant qu'on s'inquiète.

La tenue du pêcheur

Premier équipement, les bottes. Tu pourras avoir besoin d'aller dans l'eau et, le matin, l'herbe est souvent trempée de rosée. Un polo à manches longues, un chapeau et des lunettes de soleil te protégeront de la réverbération. D'autant que tu te tiendras de préférence face au soleil, de manière à ce que ton ombre ne se projette pas sur l'eau et n'effarouche pas les poissons.

La canne bricolée

Si tu n'as pas de canne à pêche, tu peux en fabriquer une avec une branche souple de bambou, de roseau, de noisetier ou de frêne. Sa base doit être solide alors que son extrémité se doit d'être flexible. Il ne sert à rien qu'elle soit trop longue, 3 m à 3,50 m suffiront. Tu auras ensuite besoin d'un fil de Nylon que tu noueras au scion, de plombs, d'un bouchon et d'un hameçon. Pour monter ta ligne, réfère-toi aux indications des pages 12-13. Ce matériel artisanal peut suffire pour tes premières expériences.

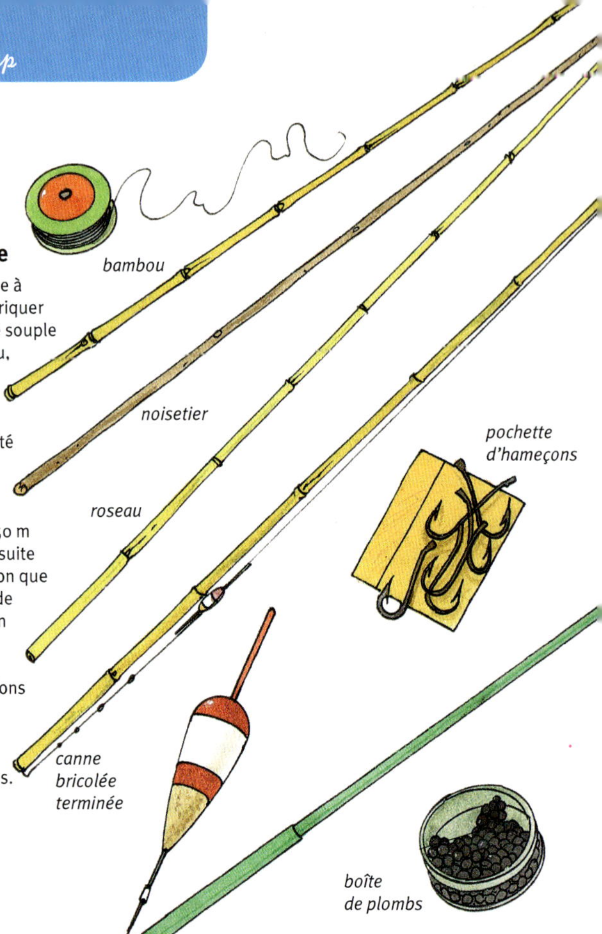

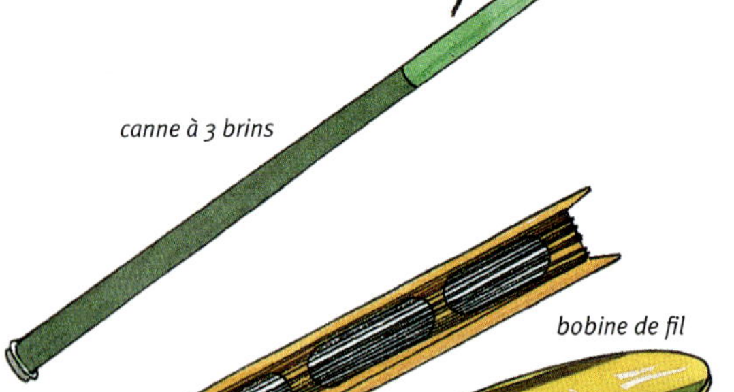

Les fils

Ils sont en Nylon, matériau synthétique transparent et souple. Le poids qu'ils peuvent supporter sans se casser est fonction de leur diamètre. Avec un Nylon d'un diamètre de 10/100 de mm, aussi fin qu'un cheveu, tu pourras remonter un beau gardon de 300 g ou une brème de 500 g. Pour ramener une carpe de 5 ou 6 kg, il te faudra du fil plus gros, du 25/100 de mm, par exemple.

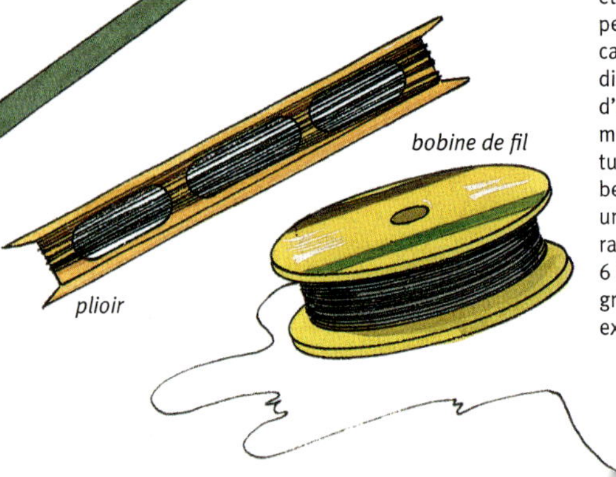

Premier élément, la canne

C'est elle qui supporte la ligne, constituée du fil, du flotteur, des plombs et de l'hameçon. Chaque type de pêche a sa canne, souple ou nerveuse, courte ou longue, avec ou sans anneaux. Toutes sont fabriquées en matériaux composites à base de carbone et sont très légères.

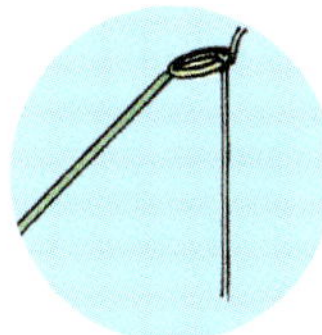

scion

Le plus important, le scion

C'est l'extrémité la plus fine de la canne, on y attache le fil par 1 ou 2 petits anneaux de caoutchouc ou par un crochet coiffé d'un petit tube coulissant qui empêche le fil de se détacher. Son élasticité permet de ferrer le poisson, c'est-à-dire de lui planter l'hameçon dans une lèvre.

Une canne adaptée

Pour la pêche aux poissons blancs, choisis une canne de 3 m ou 3,50 m, sans anneaux, en 3 éléments, c'est-à-dire faite de 3 morceaux télescopiques qui s'emboîtent et peuvent se ranger l'un dans l'autre, à la suite, du plus fin au plus gros.

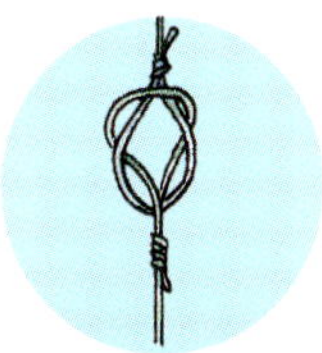

nœud raccordant le corps de la ligne au bas de ligne

hameçon

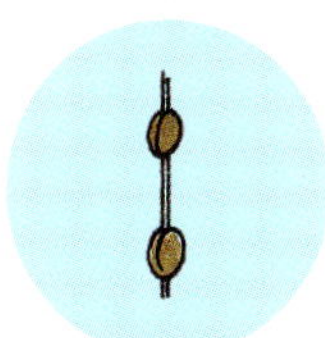

plombs de bas de ligne

La ligne

Elle est constituée de 2 fils distincts. Le bas de ligne, court, supporte l'hameçon et les plombs. Le corps de la ligne est un fil plus long, attaché au scion. On y enfile le flotteur, ou bouchon. Le corps et le bas de ligne sont assemblés par un nœud.

Les astuces du bon pêcheur

Ne laisse jamais ta canne par terre, quelqu'un pourrait marcher dessus. Appuie-la contre un support vertical. Remplacer une pièce est aussi coûteux que l'achat d'une nouvelle canne. Attention : certaines cannes en carbone conduisent l'électricité. Sur le manche, un dessin du fabricant te met en garde contre ce danger. Ne t'installe jamais à proximité d'une ligne électrique, c'est très dangereux !

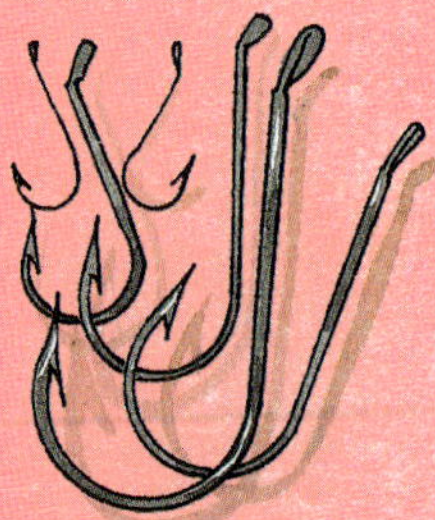

Il en existe de toutes les tailles, numérotés de 1 à 24, le n° 1 étant le plus gros et le n° 24, le plus petit. Choisis-les toujours en fonction de l'esche et non du poisson. Par exemple, les numéros 24, 22, 20 ou 18 conviennent aux vers de vase, alors que les numéros 8, 6, 4 ou 2 servent pour les gros vers de terre. Sache que les poissons-chats avalent tout jusqu'à l'estomac et sont donc difficiles à décrocher. Pour eux, utilise plutôt des hameçons sans ardillon.

Les hameçons

Argentés, dorés ou bleutés, on y accroche l'esche, ou appât. Leur pointe est souvent munie d'un ardillon, une épine très piquante, destinée à les fixer solidement dans la bouche du poisson, ne lui infligeant qu'une blessure superficielle. La tige est la partie droite par laquelle on les noue à la ligne, et la palette la partie aplatie qui empêche le nœud de glisser.

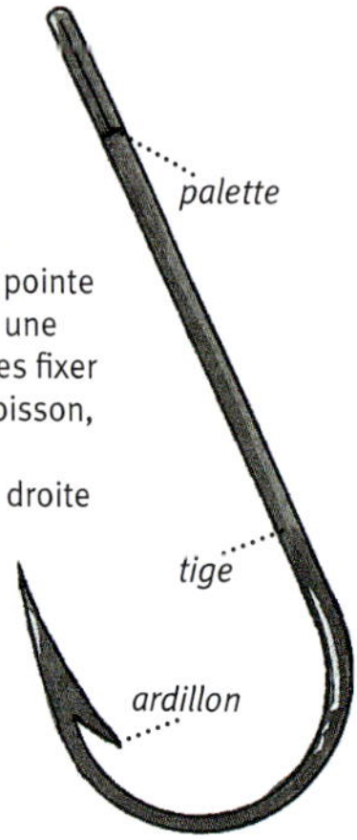

Les flotteurs

On les appelle aussi bouchons et ils servent à indiquer les touches. Quand le poisson se saisit de l'esche, il tire le fil et le flotteur s'enfonce dans l'eau. Il en existe une grande variété de formes et de couleurs. Ils sont constitués d'un corps en matériel léger, balsa ou polystyrène, et coiffés d'une antenne qui doit rester bien visible au-dessus de l'eau.

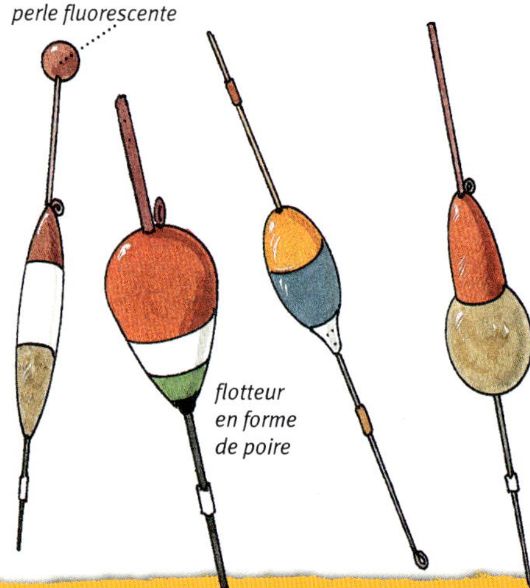

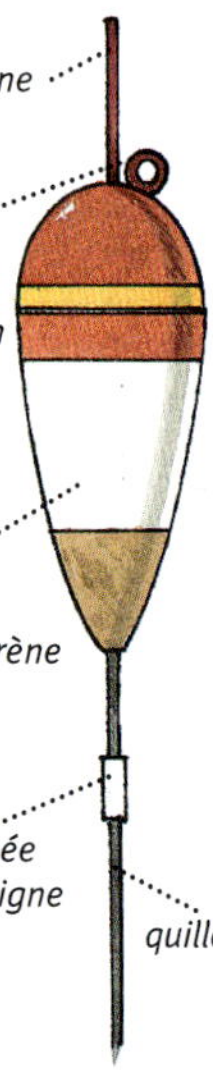

Lequel choisir ?

Pour la friture, choisis les plus petits et les plus sensibles : ils ne doivent pas opposer de résistance au poisson au moment où il prend l'esche. Si tu pêches en eau calme, utilise un flotteur très effilé. Pour les eaux courantes, ou en cas de vent et de vaguelettes, utilise des flotteurs plus trapus, en forme de poire. Le soir, quand la lumière baisse, utilise des flotteurs dont l'antenne est munie d'une petite perle fluorescente.

La plombée

La ligne et l'esche doivent descendre au fond de l'eau le plus vite possible. Il faut donc lester ton bas de ligne avec des plombs sphériques et fendus que tu pinces sur le fil. La plombée sert aussi à équilibrer le flotteur en position verticale, seule l'antenne émerge de l'eau. Choisis les plus petits et serre-les sur le fil, avec une paire de ciseaux spéciaux pour la pêche dont les branches se terminent par de petites pinces !

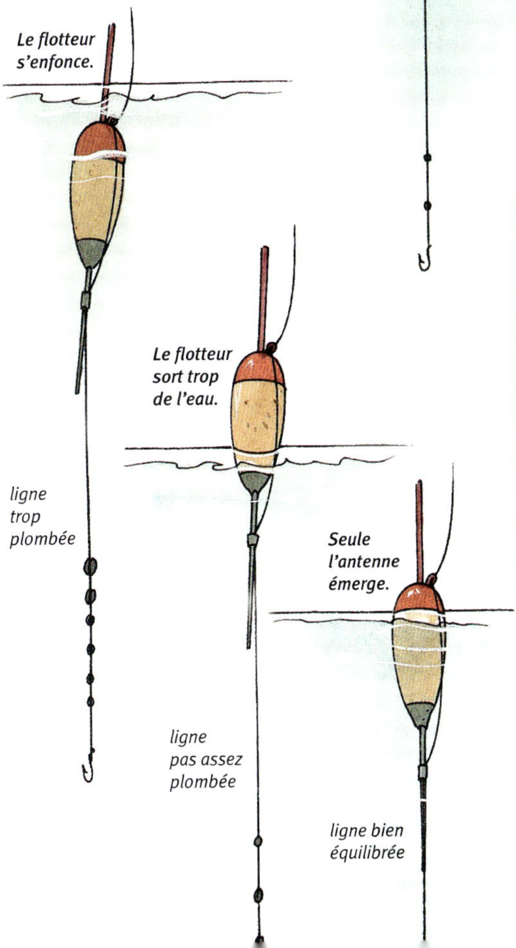

Les astuces du bon pêcheur

Classe ce matériel par catégories : bobines de fil, hameçons, flotteurs, boîte de plombs, ciseaux. Si la pêche devient une passion, tu achèteras une vraie grande boîte à pêche, avec des plateaux superposés et des casiers de rangement. À tout instant, tu auras ton matériel rangé et disponible.

Les plombs sont vendus dans de petites boîtes où ils sont classés par tailles dans des casiers.

Les nœuds du pêcheur

Pour raccorder le corps et le bas de ligne, le plus facile est de nouer ensemble les 2 fils réunis côte à côte par un double nœud et de couper aux ciseaux les extrémités restantes.

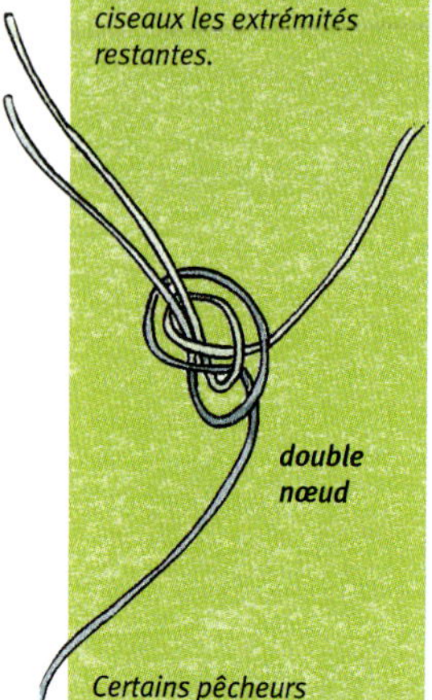

double nœud

Certains pêcheurs préfèrent faire une boucle à l'extrémité du fil le plus gros, dans laquelle ils enfilent une seconde boucle, faite sur le fil le plus fin.

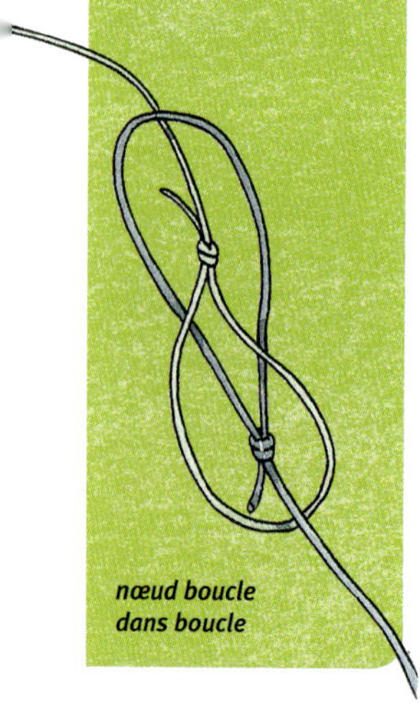

nœud boucle dans boucle

Apprends à monter tes lignes

Prépare plusieurs lignes : arrivé au bord de l'eau, choisis celles qui conviennent le mieux à la situation. Pour les gardons et les rotengles en étang, utilise du fil de 10/100 pour le corps de la ligne et du fil encore plus fin, du 8/100, pour le bas de ligne. En rivière, utilise des fils plus résistants, du 12/100 pour le corps de la ligne, et du 10/100 pour le bas.

❶ Commence par monter un bas de ligne d'une cinquantaine de centimètres sur lequel tu accrocheras un hameçon n° 18 ou 20.

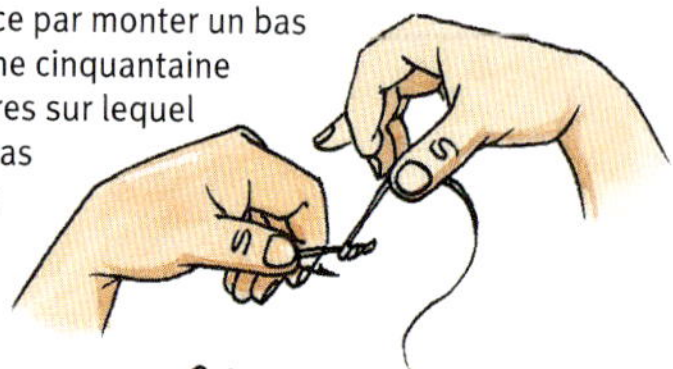

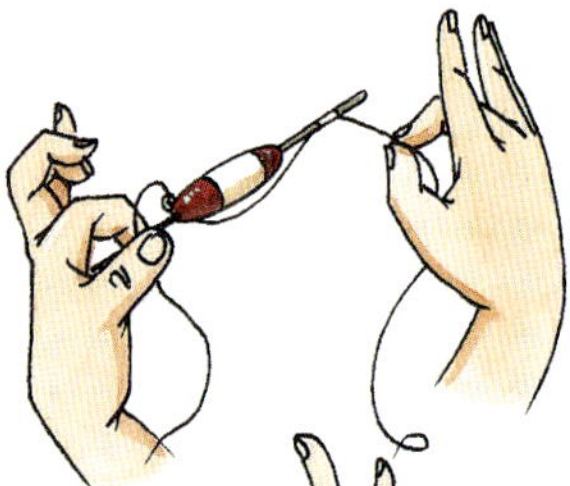

❷ Pour le corps de la ligne, mesure une longueur de fil égale à la longueur de ta canne, moins celle du bas de ligne et enfile le flotteur.

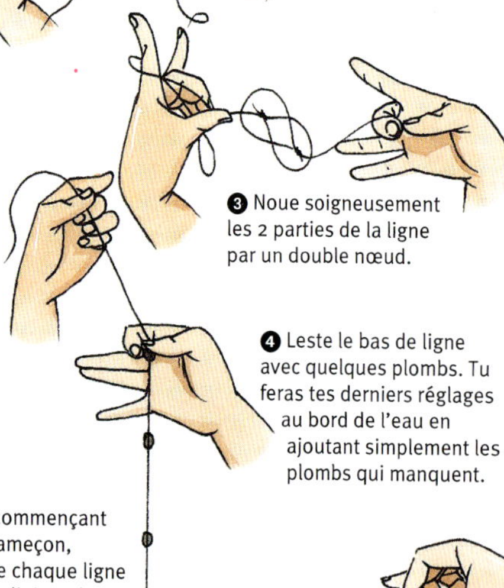

❸ Noue soigneusement les 2 parties de la ligne par un double nœud.

❹ Leste le bas de ligne avec quelques plombs. Tu feras tes derniers réglages au bord de l'eau en ajoutant simplement les plombs qui manquent.

❺ En commençant par l'hameçon, enroule chaque ligne sur un plioir, palette en plastique coloré, sur lequel tu indiqueras, au crayon-feutre, la longueur et le diamètre du fil et la taille de l'hameçon.

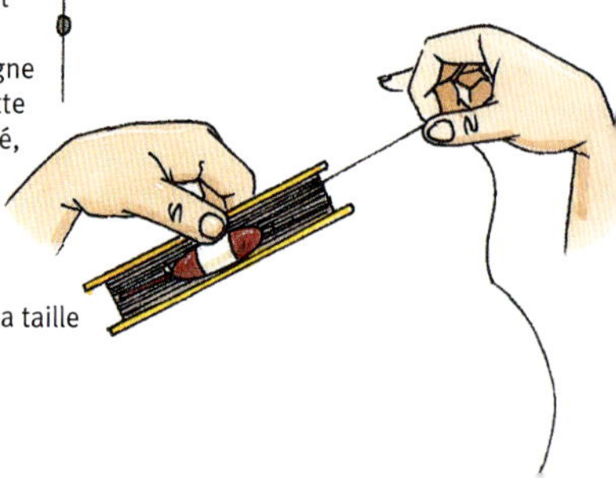

Le montage de l'hameçon

Tu devras apprendre ce nœud un peu plus difficile à réaliser. Pour commencer, entraîne-toi sur de gros hameçons.

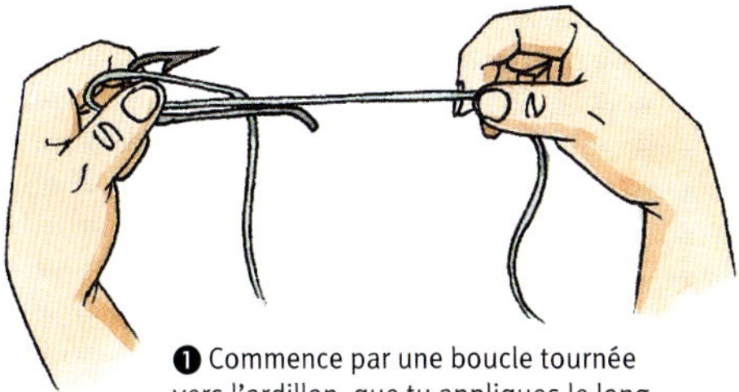

❶ Commence par une boucle tournée vers l'ardillon, que tu appliques le long de la hampe.

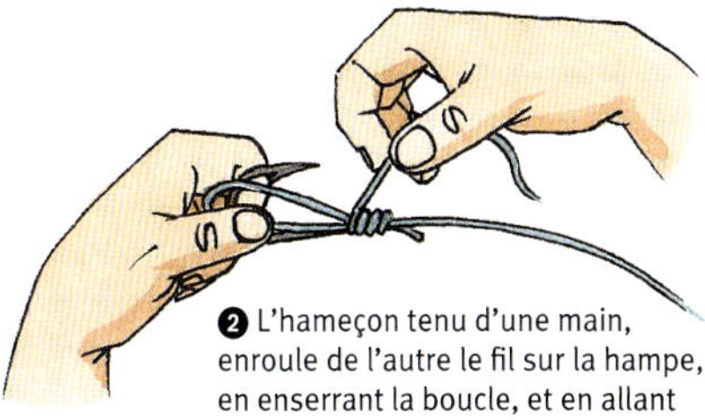

❷ L'hameçon tenu d'une main, enroule de l'autre le fil sur la hampe, en enserrant la boucle, et en allant de la palette vers l'ardillon.

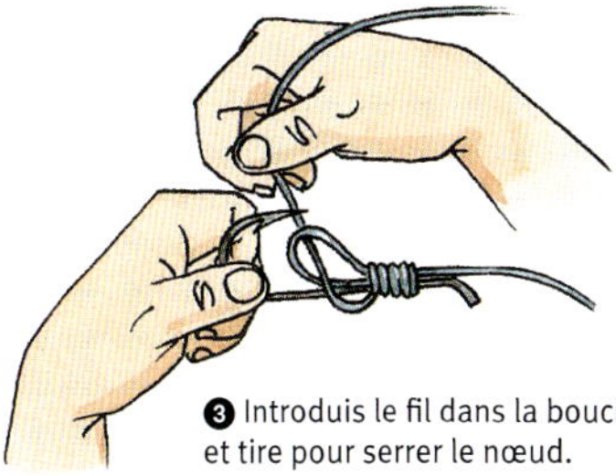

❸ Introduis le fil dans la boucle et tire pour serrer le nœud.

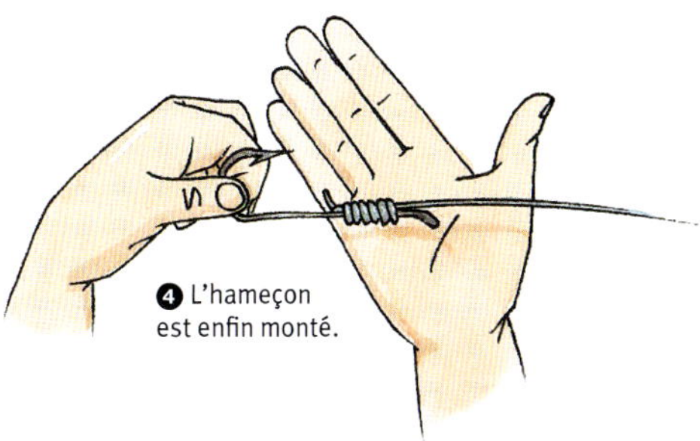

❹ L'hameçon est enfin monté.

Du matériel tout prêt

Des hameçons tout montés sont vendus en pochettes de 10, sur lesquelles sont indiqués le diamètre du fil et le numéro de l'hameçon. Tu peux aussi acheter des lignes montées et enroulées sur un plioir. Une étiquette précise la longueur du fil, son diamètre et la taille de l'hameçon. Elles sont équilibrées, c'est-à-dire que les plombs maintiennent le flotteur en position verticale.

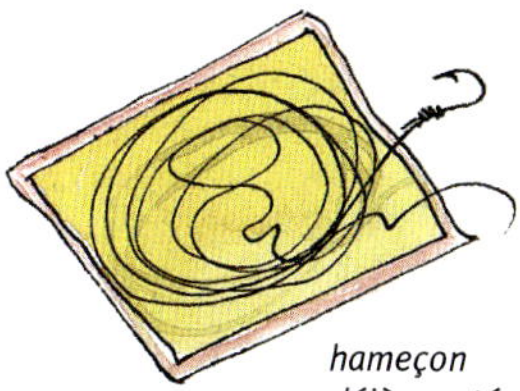

hameçon déjà monté

Les astuces du bon pêcheur

- *Si tu pêches en eau calme, répartis les plombs sur toute la longueur du bas de ligne.*
- *Groupe-les vers le bas pour des eaux agitées : ton esche descendra plus vite.*
- *Monte des lignes qui mesurent 15 cm de moins que ta canne. L'hameçon se situe exactement contre ta main quand tu tiens la canne par le talon.*
- *Place un bracelet de caoutchouc sur le talon de ta canne, tu y enfileras l'hameçon si tu te déplaces.*

Le secret des bonnes pêches !

Dans l'eau, les poissons vont et viennent à la recherche de leur nourriture. Pour les attraper, il faut les faire venir et les maintenir sous ta ligne. Tu y parviendras en amorçant, en jetant dans l'eau des farines qui vont les mettre en appétit. Ces amorces sont parfumées à l'anis, au cacao, à l'arachide ou au maïs...

Une amorce efficace et facile à réaliser

Fais griller au four des morceaux de pain rassis et émiette-les avec un rouleau à pâtisserie. Ajoute à cette chapelure de la farine de maïs, qui lui donnera de l'odeur, et du lait en poudre, pour lui apporter de la consistance.

Les amorces du commerce

Les sacs de 1 kg conviennent pour une journée de pêche. Ces amorces sont adaptées à chaque plan d'eau et chaque espèce de poisson : étang, rivière, gardons, ablettes, brèmes. Suis scrupuleusement le mode d'emploi indiqué sur le paquet, en particulier sur la quantité d'eau à y ajouter.

sac d'amorce

Comment amorcer

Si tu pêches en étang, tiens ta canne d'une main et de l'autre, lance quelques boules juste sur ton bouchon. Si tu pêches en rivière, lance les boules un peu en amont, de manière à ce qu'elles touchent le fond sous ta ligne. Garde le reste de l'amorce à l'ombre, sous un torchon mouillé.

Prépare ton amorçage de fond

Brasse ton amorce avec un peu d'eau dans un seau ou une bassine. Mets dans ce mélange une poignée des esches avec lesquelles tu vas pêcher : asticots ou vers de vase. Roule entre tes mains quelques boules de la grosseur d'une balle de tennis.

L'amorçage de rappel

Les boules d'amorce se désagrègent peu à peu et leurs effluves attirent les poissons. Dès que le rythme des touches se ralentit, relance une petite boule d'amorce de la grosseur d'une balle de ping-pong.

Les astuces du bon pêcheur

Si tu distribues trop d'amorce, les poissons seront gavés et tu n'auras plus du tout de touches. À la fin de la partie de pêche, jette l'amorce que tu n'as pas utilisée : elle ne pourra pas servir le lendemain. L'amorçage est salissant : pense à emporter des torchons pour t'essuyer les mains et à rincer ton seau.

Une esche universelle, l'asticot

C'est la larve d'une mouche dite « mouche à viande ». On l'achète chez tous les détaillants d'articles de pêche. Elle est solide, tient bien à l'hameçon, et avec elle, tu pêcheras tous les poissons blancs.

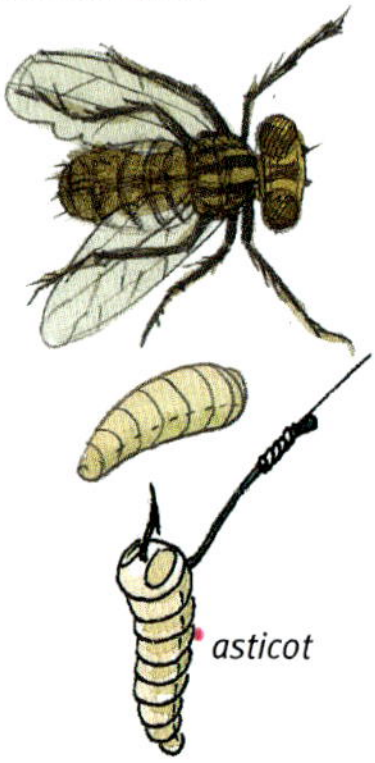

Pour l'accrocher à l'hameçon, pique-le par l'extrémité la plus épaisse.

La pêche du gardon à l'asticot

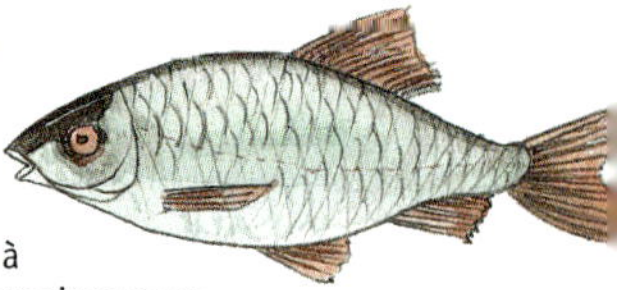

Le gardon est très répandu en étang et en rivière. On le reconnaît à son dos verdâtre et ses nageoires rouge orangé. En été, le gardon mord bien à l'asticot. Comme il s'enfuit dès qu'il a mordu, il entraîne la ligne et le bouchon s'enfonce nettement. Tu peux ferrer sans hésitation.

Pourquoi le poisson mord-il ?

Il mord d'abord parce qu'il a faim. Mais beaucoup de poissons vivent en bancs et, par un réflexe de compétition, chacun tente de se saisir le premier d'une proie qui passe. L'esche que tu leur présentes doit les intéresser, par sa forme, sa couleur, son odeur et ses mouvements.

Les astuces du bon pêcheur

Pendant la partie de pêche, garde les asticots à l'ombre, dans une petite boîte au couvercle percé de trous. De retour à la maison, place la boîte dans un endroit frais, à la cave, par exemple, ou dans le bac à légumes du réfrigérateur. Mais pense à bien fermer le couvercle ! Tu pourras les conserver plusieurs jours.

Les vers de vase

Larves aquatiques d'un moustique, les vers de vase sont fragiles et difficiles à accrocher à l'hameçon. Les petits poissons en sont friands. Accroche-les sur de très petits hameçons, 20 ou 22, et garde-les à l'ombre dans de la mousse humide pendant toute la partie de pêche. Ils se conservent mal, achètes-en peu à la fois.

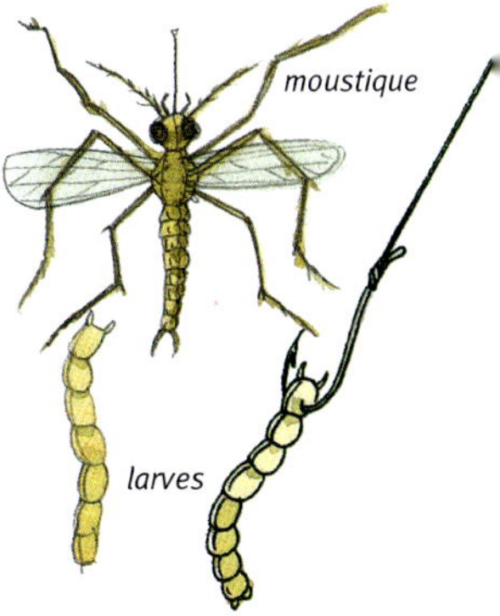

Une pêche d'été, les pieds dans l'eau

Le goujon vit sur le fond et se nourrit en happant ce que lui apporte le courant. Dans une rivière peu profonde, choisis un endroit au fond sableux et entre dans l'eau jusqu'aux genoux. Prends juste le scion et l'élément du milieu, et monte une ligne en 8/100, avec un hameçon de 20. Pas besoin de flotteur, juste quelques plombs. Pêche le dos au courant, en raclant parfois les pieds sur le fond. Attirés par les proies soulevées, les goujons mordront et tu sentiras la touche par une petite secousse.

Le chènevis

C'est la graine du chanvre, dont se nourrissent les perruches et les canaris. Les gardons en raffolent.

❶ Fais tremper les graines dans l'eau pendant une journée.

❷ Fais cuire doucement dans une casserole 1 volume de graines pour 4 volumes d'eau, pendant 3/4 d'heure environ.

❸ Surveille la cuisson : quand les graines éclatent en laissant passer un petit germe blanc, éteins et passe ton chènevis sous l'eau froide pour arrêter la cuisson.

Pour tenter les poissons

La plupart des poissons blancs sont omnivores, c'est-à-dire qu'ils mangent aussi bien des proies vivantes que des végétaux. L'été, ils mordent très bien aux graines. Tu pourras essayer ces pêches, plus délicates, mais passionnantes, quand tu sauras déjà bien pêcher à l'asticot.

Une esche d'été

Monte quelques lignes avec un flotteur très sensible et un hameçon de 20. Mêle du chènevis à ton amorce de fond et accompagne chaque lancer d'une pincée de graines en rappel sur ton flotteur. Enfile l'hameçon entre les 2 coques de la graine et lance délicatement. C'est une pêche de réflexe : il faut surveiller attentivement ton flotteur, car il n'y a qu'une touche et le poisson emporte la graine.

hameçon enfilé entre les 2 coques de la graine

L'ablette à la pâte

Poisson de rivière très vif et gobeur de surface, l'ablette mord à la pâte par beau temps. Cette pêche, qui se fait avec des lignes très sensibles, est difficile, mais c'est une des plus belles. Amorce avec une farine légère, qui se dilue dans l'eau. Comme les ablettes vivent en bancs et se déplacent beaucoup, tu n'hésiteras pas à changer de poste si les touches s'espacent.

La pêche à la pâte

Fais cuire une pomme de terre à l'eau, épluche-la et écrase-la encore chaude. Ajoute un jaune d'œuf. Dépose un petit fragment de cette pâte sur ton hameçon et lance très délicatement. La pâte est une esche qui ne tient pas ; il faut regarnir l'hameçon à chaque lancer. Comme la pêche à la graine, c'est une pêche de réflexe : il n'y a qu'une touche !

Tu peux aussi acheter la pâte toute prête en petits tubes.

Les astuces du bon pêcheur

Il arrive certains jours qu'aucun poisson ne morde. Avant de te décourager, essaie encore avec d'autres esches. Le Mystic est une pâte synthétique. Tu en déposes de petites gouttes sur l'hameçon, elles prendront l'apparence d'un ver de vase et les poissons s'y laisseront prendre. Tente le pain ou la crème de gruyère de ton goûter. Et, pourquoi pas, de petits morceaux de pain d'épice !

Le lancer de la ligne

Entraîne-toi à lancer ta ligne avec précision à l'endroit où tu veux pêcher. Si tu as de la place derrière toi, projette la ligne par-dessus ton épaule et retiens ton geste pour qu'elle touche l'eau en douceur.

Catastrophe : tu es accroché au fond

Ton hameçon s'est planté dans une branche immergée ou dans une pierre du fond. Plus tu tires, plus l'hameçon pénètre dans l'obstacle. Déplace-toi un peu et essaie de tirer dans la direction inverse. Si rien ne vient, il te faudra casser. Si tu as monté ta ligne en 2 parties, boucle dans boucle, la cassure se fera au nœud. Tu sauveras ton flotteur et remplaceras le bas de ligne.

Tu peux aussi poser ta ligne sur l'eau en imprimant à ta canne un mouvement de balancier. Ce lancer, plus précis et plus doux, convient bien aux esches fragiles : vers de vase, graines, pâte.

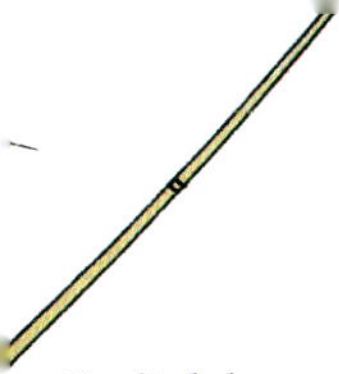

Capital, le sondage du fond

Ton esche doit évoluer à quelques centimètres du fond. Pour cela, utilise une sonde, petit plomb muni d'une boucle qui s'accroche à l'hameçon. Fais plusieurs mesures, la profondeur de l'eau n'étant pas partout la même. Pour régler ta ligne, fais glisser le flotteur sur le fil, en le remontant ou en le descendant vers le bas de ligne, de manière à ce que l'hameçon soit à la profondeur recherchée.

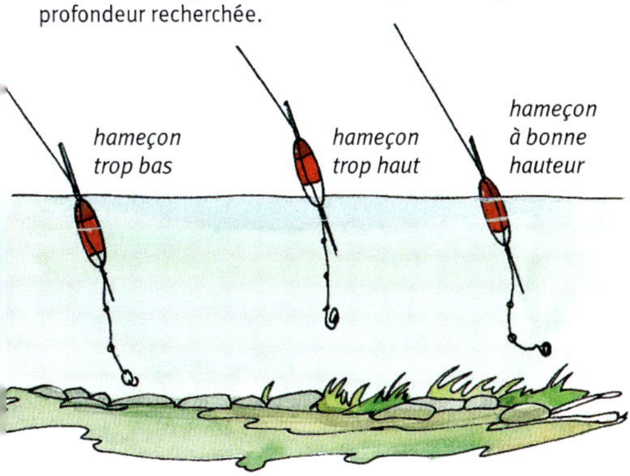

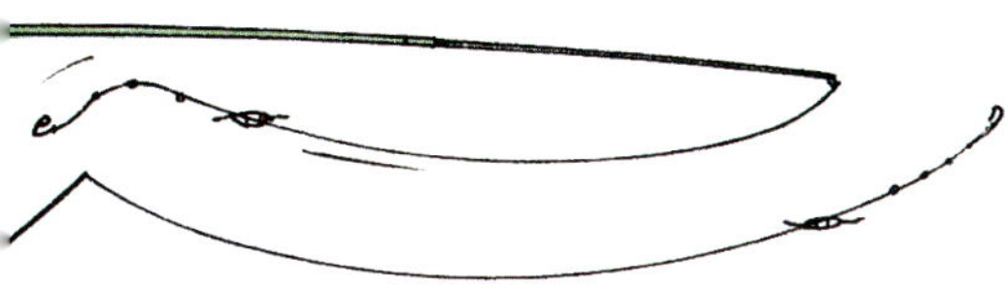

Ton fil est emmêlé

Cela t'arrivera souvent, surtout au début. Ne tire surtout pas sur le fil : tu serrerais le nœud et il serait alors impossible de le dénouer. Essaie de comprendre comment le fil s'est emmêlé et démêle en commençant toujours par l'hameçon.

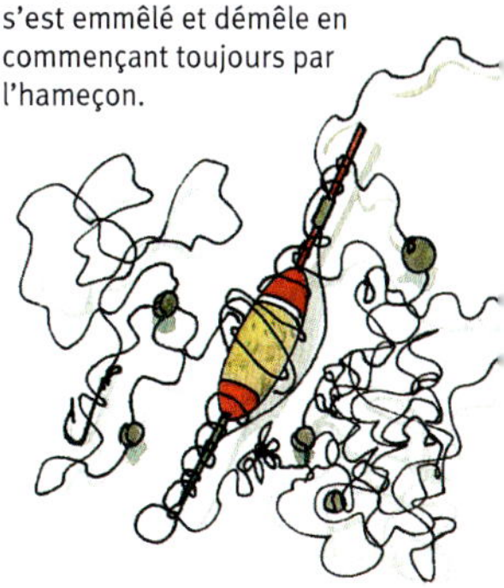

L'aguichage du poisson

Une fois ta ligne lancée, anime ton esche de petits mouvements très fins, en la relâchant ou en la retenant, de manière à la rendre plus attractive. La manœuvre la plus simple consiste à déplacer ton flotteur de quelques centimètres et de le reposer, ou de le retenir un peu dans le courant.

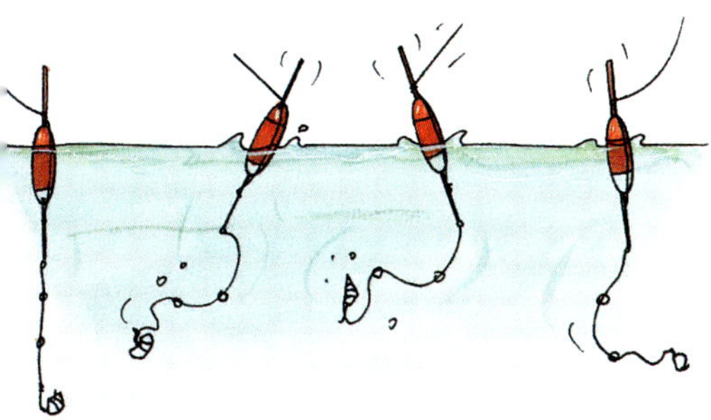

Les astuces du bon pêcheur

Si, après un emmêlage, ton fil est vrillé ou s'il y a un nœud, ta ligne deviendra plus fragile et sera plus facilement détectée par les poissons. N'hésite pas à changer le fil. Le bord de l'eau n'est pas le meilleur endroit pour faire de grosses réparations. Tu gagneras du temps si, avant de partir à la pêche, tu as préparé des lignes de rechange.

La touche !

Quand un poisson s'empare de l'esche, il tire le fil et le flotteur s'enfonce. C'est la touche, le moment qu'attend tout pêcheur. Les touches sont différentes selon les poissons et la façon dont ils mordent. Avec un peu d'expérience, tu devineras quel poisson a mordu avant même de l'avoir sorti de l'eau.

Ne te laisse pas surprendre

Souvent, la touche est très nette : le flotteur s'enfonce, disparaît dans l'eau ou part au loin. Un gardon a mordu et s'enfuit avec esche et hameçon.

Avant de manipuler ta prise, mouille tes mains car le mucus, la pellicule visqueuse qui protège le poisson, colle souvent sur des mains sèches.

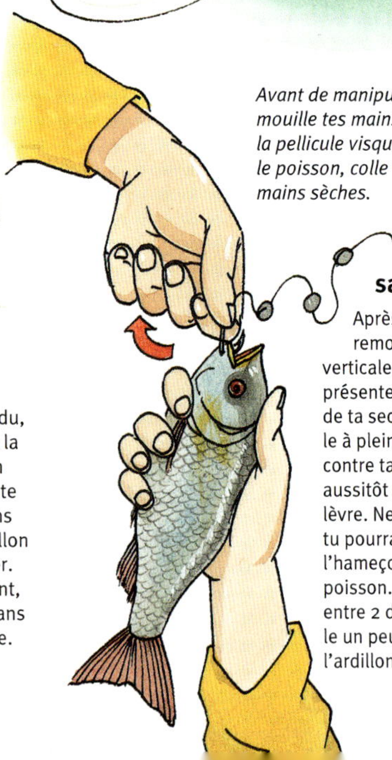

Décrocher sans blesser

Après le ferrage, tu as remonté ta canne à la verticale : le poisson se présente juste à la hauteur de ta seconde main. Prends-le à pleine main, son dos contre ta paume, et retire-lui aussitôt l'hameçon de la lèvre. Ne tire pas sur le fil : tu pourrais le casser, tordre l'hameçon ou blesser le poisson. Prends l'hameçon entre 2 doigts et enfonce-le un peu pour dégager l'ardillon.

Le ferrage

Canne à la main, fil bien tendu, suis des yeux ton flotteur. À la touche, relève ta canne d'un coup sec du poignet. Ce geste fera pénétrer l'hameçon dans la gueule du poisson. L'ardillon l'empêchera de se décrocher. Remonte ta canne calmement, sans envoyer ton poisson dans les branches ou dans l'herbe.

Parfois, le flotteur se couche : une brème a pris l'esche mais reste sous ta ligne en remontant vers la surface. La plombée, soulagée, n'équilibre plus le flotteur. Ferre comme pour un gardon.

Quelquefois, le bouchon tressaute, s'enfonce légèrement, remonte, etc. : un poisson suce ton esche, mais ne l'avale pas, tu risques de le manquer.

Les astuces du bon pêcheur

Le ferrage doit se faire immédiatement à la touche. Pour la pêche au coup, tiens toujours ta canne en main, et suis ton flotteur des yeux. Si ta canne est posée et que tu as une touche, tu n'auras pas le temps de la remonter pour ferrer. Attache un cordonnet à ton dégorgeoir : c'est un petit objet qui se perd facilement dans l'herbe !

Bien utile, le dégorgeoir

Parfois, le poisson a avalé profondément l'hameçon : utilise alors un dégorgeoir pour le retirer sans blesser le poisson. Enfile le Nylon dans la fente du dégorgeoir et fais pénétrer celui-ci dans la gueule du poisson jusqu'à l'hameçon qui se décroche quand on pousse. Les dégorgeoirs faits d'un petit tube plastique sont très pratiques.

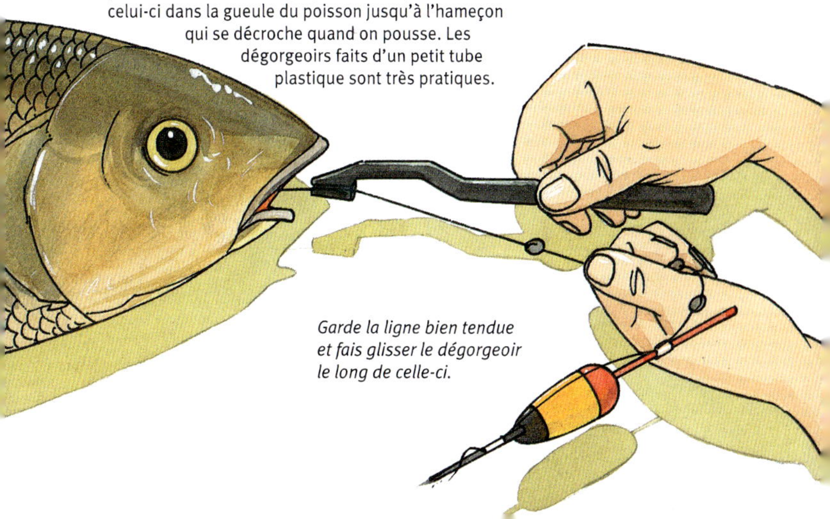

Garde la ligne bien tendue et fais glisser le dégorgeoir le long de celle-ci.

La pêche au gros

Commence par t'initier dans un petit étang que tu connais bien et fais-toi accompagner par une grande personne. Cette pêche se pratique canne posée sur 2 supports : en même temps, tu pourras pêcher la friture en surveillant ta grosse ligne du coin de l'œil.

Choisis du matériel très solide !

On prend souvent des brochets de 8 ou 10 livres (1 livre égale 1 demi-kilo), parfois plus ! Les vieilles carpes peuvent peser 10, 20, 30 livres ou plus ! Aussi, il te faut un matériel très puissant, capable de ramener au bord d'aussi grosses pièces qui résistent vigoureusement.

La canne

Il te faut une forte canne en carbone, de 3,60 m environ, en 2 éléments, équipée d'anneaux dans lesquels passe le fil et d'un porte-moulinet. Tu pourras t'en servir aussi bien pour le brochet que pour la carpe.

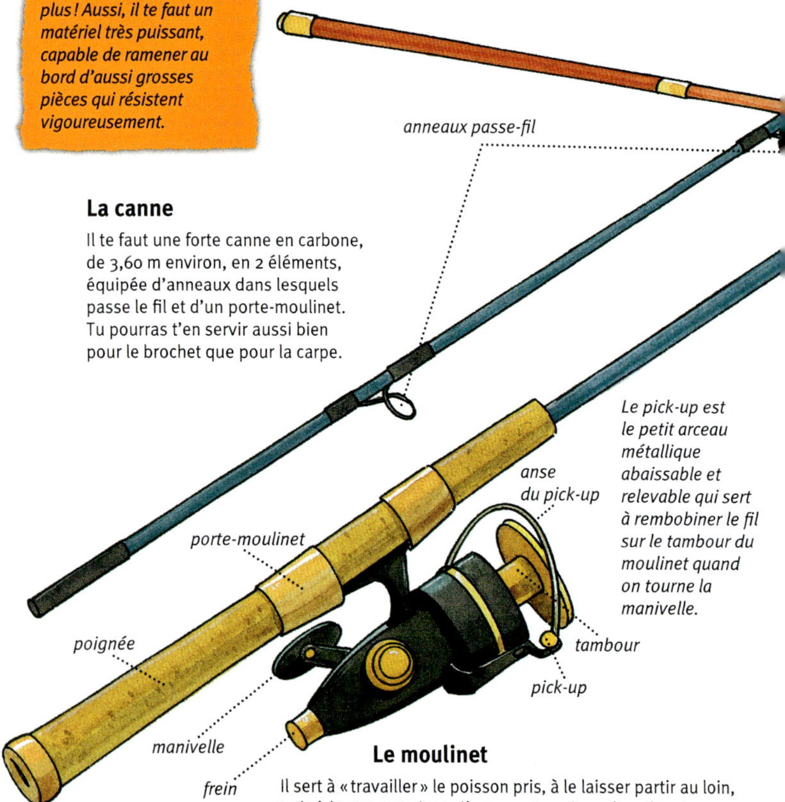

Le pick-up est le petit arceau métallique abaissable et relevable qui sert à rembobiner le fil sur le tambour du moulinet quand on tourne la manivelle.

Le moulinet

Il sert à « travailler » le poisson pris, à le laisser partir au loin, puis à le ramener, jusqu'à ce que tu puisses le présenter au-dessus de l'épuisette. Le frein débrayable permet de doser la résistance que tu opposeras au poisson. Tu garniras ton moulinet d'une bobine de 100 m de Nylon de 25 à 35/100, pouvant supporter une charge de plusieurs kilos.

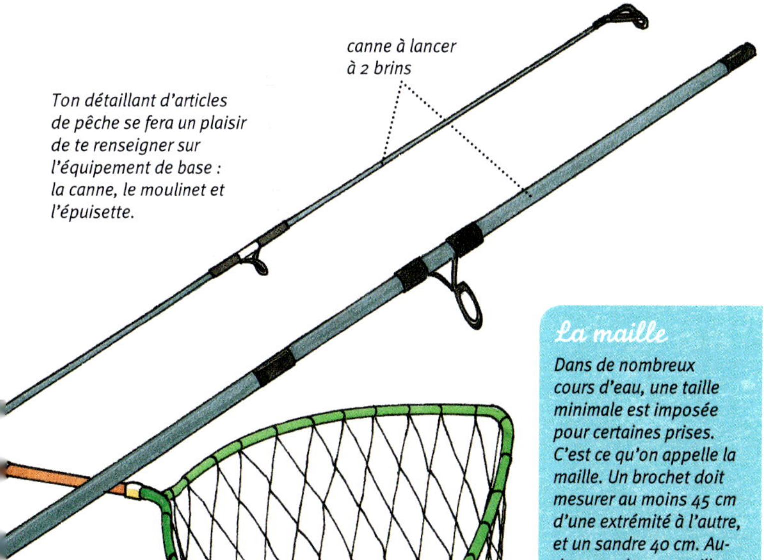

Ton détaillant d'articles de pêche se fera un plaisir de te renseigner sur l'équipement de base : la canne, le moulinet et l'épuisette.

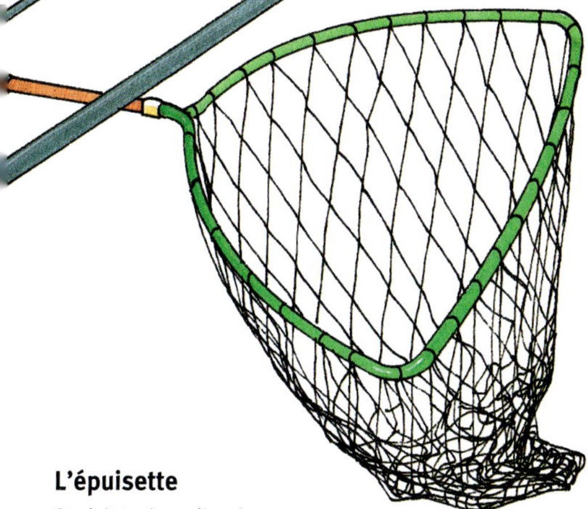

La maille

Dans de nombreux cours d'eau, une taille minimale est imposée pour certaines prises. C'est ce qu'on appelle la maille. Un brochet doit mesurer au moins 45 cm d'une extrémité à l'autre, et un sandre 40 cm. Au-dessous de cette taille, remets-les à l'eau, sinon c'est l'amende garantie. Il n'y a pas de maille pour la carpe, suffisamment commune.

L'épuisette

On doit toujours l'avoir sous la main. Pour la pêche à la carpe ou au brochet, qu'on ne peut sortir de l'eau à la main, il ne faut pas hésiter à la choisir grande et solide. De préférence, elle doit être à manche télescopique, pour pouvoir être utilisée quand la berge est haute.

Les bouillettes

Les bouillettes sont de petites boules odorantes de la grosseur d'une bille. Elles sont vendues en sachets dans les magasins d'articles de pêche, parfumées au choix : fraise, caramel, mangue, cacao, vanille. Entre 2 parties de pêche, conserve-les dans une boîte en plastique placée au réfrigérateur.

La carpe, le plus méfiant des poissons

La carpe se nourrit en fouillant le fond. Prudente, elle aspire et recrache plusieurs fois sa nourriture avant de l'avaler. Elle mord aussi bien au ver de terre qu'à la pomme de terre, au grain de maïs ou au fromage. Mais la moindre résistance de l'esche la fait renoncer. Pour tromper sa méfiance, tu lui présenteras une esche sans hameçon !

L'écureuil

Tu peux installer un détecteur de touche fait d'un bouchon de champagne suspendu au fil par un piton, entre le moulinet et le 1er anneau de la canne. Quand un poisson mord, le fil se tend. « L'écureuil » remonte et te signale la touche. Les carpistes utilisent maintenant des détecteurs électroniques de touche. Placés sur le fil, ces petits appareils fonctionnent comme ton écureuil, mais indiquent la touche par un bip sonore.

Un long combat

Une fois piquée, ta carpe va s'enfuir au loin en te déroulant beaucoup de fil. C'est le « départ ». Serre le frein et ferre énergiquement. Tiens ta canne perpendiculaire à la direction prise par le poisson et relève-la pour récupérer peu à peu ton fil. Ne te presse pas : le combat peut durer très longtemps, 20 ou 30 min, parfois plus !

Le montage au « cheveu »

Pour cette pêche de fond, le flotteur est inutile. À l'aide d'un crochet à dentelle, enfile 2 ou 3 bouillettes sur une courte tresse en Dacron, le « cheveu », fil synthétique fin et souple mais très résistant, et bloque-les par une petite agrafe de plastique ou une brindille, de manière à ce qu'elles ne se détachent pas au moment du lancer. Le cheveu est relié à un gros hameçon de numéro 10, 8 ou 6, qui reste nu.

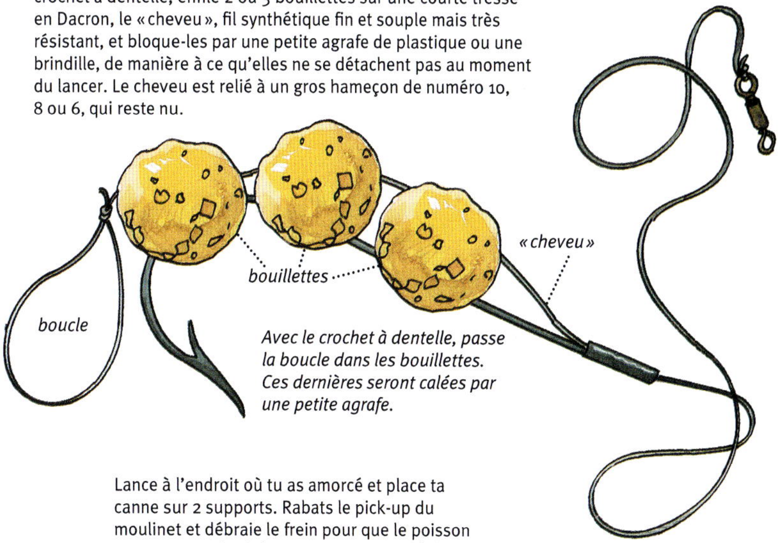

Avec le crochet à dentelle, passe la boucle dans les bouillettes. Ces dernières seront calées par une petite agrafe.

Lance à l'endroit où tu as amorcé et place ta canne sur 2 supports. Rabats le pick-up du moulinet et débraie le frein pour que le poisson ne sente pas de résistance au moment où il avale les bouillettes. La carpe ne détectera pas le piège, prendra l'esche, en même temps l'hameçon, et elle se ferrera d'elle-même. Reste à côté pour surveiller, en pêchant la friture.

À l'aide !

Tu ne pourras pas épuiser le poisson tout seul : fais-toi aider par un autre pêcheur, qui maintiendra l'épuisette dans l'eau, à l'endroit que tu lui indiqueras. Rappelle-toi que c'est toujours le poisson qu'on dépose dans l'épuisette et jamais l'épuisette qui va au-devant du poisson.

Les astuces du bon pêcheur

Tu peux amorcer plusieurs jours à l'avance avec des pommes de terre mi-cuites ou du maïs. Le jour J, amorce en rappel avec quelques bouillettes. Pour ramener le poisson, utilise l'élasticité de la canne et le moulinet. Ne redonne jamais du fil à ta carpe en déroulant le moulinet à l'envers, tu provoquerais un emmêlement. Utilise ton frein, que tu serres et desserres alternativement. Attention, même près du bord, la carpe tentera toujours un nouveau départ.

Le roi des carnassiers

Puissant et combatif, le brochet chasse en solitaire entre deux eaux les petits poissons qui passent à sa portée. De son poste d'affût, il surgit sur le banc de ses proies : tu reconnaîtras une chasse de brochet à un éventail de petits poissons jaillissant hors de l'eau. Méfiant, le brochet détecte les bruits et les ombres sur la rive.

Une ligne flottante

Tu peux utiliser la même canne et le même moulinet que pour la pêche à la carpe. Choisis un Nylon fluorescent de 25 à 30/100, et un gros flotteur bien visible de loin, que tu équilibreras avec un seul gros plomb en forme d'olive. Ton bas de ligne doit résister aux 700 dents du brochet. Prends une crinelle, un fil d'acier souple auquel tu attacheras un gros hameçon de n° 8 ou 6, simple ou double. Elle sera rattachée à la ligne par un émerillon, petite agrafe métallique qui fonctionne comme une épingle de sûreté.

Le brochet, l'action de pêche

❶ Lance ta ligne dans un endroit où le brochet peut se tenir à l'affût, près d'une souche immergée, d'un herbier ou dans un remous. Garde le pick-up du moulinet ouvert et le frein desserré.

❷ Souvent, le brochet prend sa proie par le travers, la mord, puis la retourne avant de l'avaler. Tu verras ton bouchon tressauter, s'enfoncer et remonter à plusieurs reprises. Comme tu as piqué ton vif par la bouche, il faut attendre que le brochet l'avale tête la première. Cela peut durer plusieurs minutes.

❸ Puis le bouchon disparaît. C'est le second départ. Serre le frein du moulinet, rabats le pick-up et ferre. Comme pour la carpe, ne te presse pas de ramener ton brochet au bord, mais prends le temps de le fatiguer.

Le vif

Carnivore, le brochet ne consomme guère que des proies vivantes. Pour le tenter, propose-lui un poisson bien remuant. Commence par pêcher des gardons, avec un hameçon sans ardillon, et maintiens-les vivants en les gardant dans une bourriche ou dans une boîte de plastique munie d'un oxygénateur à piles électriques.

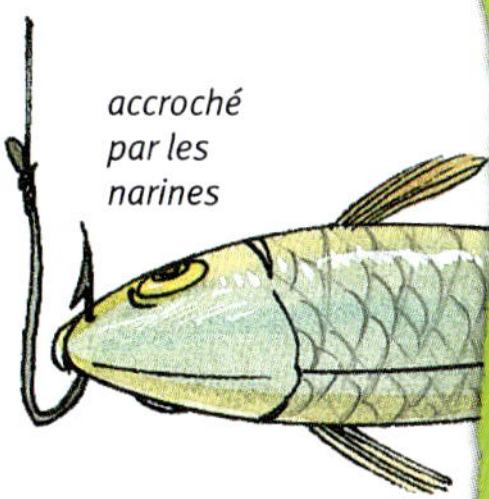

Pour accrocher le vif

Chacun a sa méthode : très simplement, tu peux piquer le vif à une des pointes de l'hameçon, de bas en haut, par les lèvres. Tu peux aussi bien l'accrocher par les narines. Il peut alors évoluer dans l'eau pendant très longtemps, aussi naturellement qu'un autre poisson.

Les astuces du bon pêcheur

• Pour décrocher ta prise, commence par dégrafer l'émerillon qui tient le bas de ligne et assomme le brochet d'un coup de bâton sur la tête.

• Si ton brochet n'est pris que par le côté du bec et que tu veuilles le relâcher, utilise un bâillon, petit appareil métallique qui lui maintient les mâchoires écartées. Tu éviteras de te blesser avec ses dents. Assure-toi régulièrement que ton vif est bien vivant et reste attractif.

• Change-le dès qu'il commence à donner des signes de fatigue.

Les poissons capturés

Tout vrai pêcheur traite avec soin les poissons qu'il capture : comme tous les êtres vivants, ils méritent le respect. Décroche-les délicatement sans les blesser, avec le dégorgeoir au besoin. Ne les pose pas par terre ni dans l'herbe, ce qui détériore leurs écailles, et les expose à toutes sortes de maladies si tu les remets à l'eau.

Relâcher les poissons

Tu as peut-être envie de rapporter tes poissons à la maison pour les manger. Mais tu peux aussi décider de les relâcher à la fin de la partie de pêche. Ce n'est pas une obligation, mais beaucoup de pêcheurs le font. Compte-les, trie ceux qui ne sont pas blessés et remets-les doucement à l'eau : ils reprendront leurs esprits et repartiront sans dommage.

Ceux qu'on ne relâche pas

Imprudemment introduits d'Amérique du Nord dans les cours d'eau de France, ils y ont trouvé de bonnes conditions de reproduction et se sont beaucoup multipliés. Prédateurs des pontes des autres poissons, les poissons-chats et les perches arc-en-ciel doivent être éliminés. Il est interdit de les remettre à l'eau, car ils sont considérés comme des animaux nuisibles.

Poisson-chat

Perche arc-en-ciel

La photo souvenir !

Tu as pris un gros poisson et tu veux te faire photographier avec lui avant de le remettre à l'eau. Nettoie-le et fais prendre la photo pendant qu'il est encore bien mouillé : il paraîtra plus luisant et plus beau. Tiens-le à bout de bras, il fera l'effet d'être encore plus gros ! Puis remets ta prise à l'eau en la soutenant de tes 2 mains placées sous le ventre et en lui imprimant un petit mouvement de va-et-vient. Elle repartira en pleine forme.

La bourriche

Dans un seau, l'eau s'échauffe, manque d'oxygène et, en quelques minutes, tes poissons flottent ventre en l'air. Dans une bourriche de mailles métalliques, ils se cognent contre la paroi et se blessent. Dans une bourriche « anglaise », longue poche de mailles de Nylon, qu'on installe dans l'eau, les poissons restent à bonne température et ne se blessent pas. Choisis-la très longue, afin qu'elle puisse reposer dans l'eau même si la berge est élevée.

Les astuces du bon pêcheur

À la fin de la partie de pêche, vide la bourriche et rince-la dans l'eau de la rivière ou de l'étang. De retour chez toi, lave-la à grande eau. Le Nylon des bourriches est imputrescible mais si tu ne prends pas cette précaution, il sentira vite affreusement mauvais.

Quand la journée se termine

Tu as pris du poisson et tu es content. Le soir arrive et il faut songer à rentrer à la maison. La journée n'est cependant pas terminée. Au fur et à mesure de tes achats, ton matériel de pêche sera de plus en plus varié et complet. Il te faudra apporter beaucoup de soin à son rangement.

Garder la place propre

En premier lieu, ne rien laisser sur place. Tu repartiras en laissant une place nette de toute trace de ton passage. Pense à celui qui, demain, s'installera à l'endroit où tu étais aujourd'hui.

Mets dans un sac de plastique tes pochettes vides d'hameçons, tes morceaux de fils cassés, tes sacs d'amorce. Remporte le tout pour la poubelle de la maison.

À la fin de la saison de pêche

Examine et vérifie tout ton matériel avant de le ranger pour l'hiver. Reclasse-le soigneusement, et élimine tout ce qui est détérioré. Nettoie les cannes avec un torchon humide et range-les dans leur étui. Démonte et graisse les moulinets. Rince à grande eau épuisette, bourriche et boîtes à esches. Le Nylon vieillit assez mal, il faut le renouveler souvent.

Ta boîte à pêche

Vérifie-la à chaque retour de pêche et avant chaque sortie et regarnis-la pour ne manquer de rien. Chaque partie de pêche t'apportera son lot de petits malheurs. Des casses ou des emmêlements auront malmené ton matériel. Profite de tes soirées pour réviser tes lignes : tu seras toujours mieux installé à la maison qu'au bord de l'eau.

Les astuces du bon pêcheur

Le grand vent est l'ennemi numéro 1 du pêcheur : en provoquant des rides sur l'eau, il empêche de voir les touches. Selon la plupart des pêcheurs, le vent du nord est particulièrement néfaste. D'autres estiment que la lune jouerait aussi son rôle : les jours situés autour de la nouvelle lune seraient favorables, alors que les jours encadrant la pleine lune seraient contraires.

Un carnet pour tout noter

Note sur ton carnet ce qui s'est passé au cours de la partie : les poissons que tu as pris, ton amorce et tes esches, mais aussi le niveau de l'eau, les conditions atmosphériques, la température, etc. Ces observations te guideront dans le choix des dates et des lieux de tes prochaines sorties.

La carte mineur

Délivrée aux 12-18 ans chez le marchand d'articles de pêche, son prix est de 1 €. Elle permet de pêcher au coup et au lancer dans toutes les eaux du domaine public.

La pêche, une activité réglementée

Pour toi, la pêche deviendra bien vite une passion et tu y consacreras tous tes loisirs. Mais on ne pêche pas n'importe où, n'importe quand, n'importe quoi et n'importe comment. Tout pêcheur, même enfant, doit connaître les règles qui sont destinées à préserver le milieu aquatique et les poissons.

En ce qui concerne la législation de la pêche au coup pour les jeunes de moins de 18 ans, elle peut varier suivant les fédérations départementales. Dans certains départements, il te faudra payer une taxe piscicole, dont le prix reste assez modeste, alors que dans d'autres départements, tu n'auras rien à débourser.

Comment savoir ?

Chez un marchand d'articles de pêche, on saura te dire où tu peux pêcher, et selon quelles conditions : jours et heures d'ouverture pendant lesquels la pêche est autorisée, nombre de lignes pouvant être mises à l'eau, taille minimale des poissons pêchés, esches autorisées. Au besoin, on t'établira ta carte de pêche, qu'il faudra présenter en cas de contrôle.

Les écoles de pêche

Tu peux aussi t'inscrire auprès d'une école de pêche : il en existe dans chaque département. Tu pourras y suivre des cours d'initiation ou de perfectionnement avec des pêcheurs chevronnés. De plus, tu auras la possibilité d'accéder à des plans d'eau réservés et bien empoissonnés.

Pour continuer d'apprendre, les livres et les revues

Il existe quelques revues mensuelles spécialisées. En les consultant, tu pourras apprendre les tours de main essentiels, découvrir les matériels les plus performants. De mois en mois, tes lectures te permettront de parfaire ta connaissance des éléments, de l'eau et des poissons.

D'autres types de pêche

Quand tu seras plus grand, tu te spécialiseras certainement car il existe évidemment d'autres types de pêche. La pêche à l'anglaise donne la possibilité de poser sa ligne à 20 ou 30 m de la rive. La pêche à la mouche fait appel à une technique compliquée pour attraper les truites des rivières et des torrents. Quant à la pêche en mer, elle se pratique du rivage (le *surf-casting*) ou d'un bateau, mais ce sont bien sûr 2 techniques très différentes.

Préserver le milieu aquatique

Tu prendras conscience que, pour continuer à avoir le plaisir de pêcher, il vaut mieux s'imposer un nombre limite de prises ou, dans certains cas, relâcher les poissons capturés. Tu comprendras aussi que le milieu aquatique est un milieu fragile, qu'il convient de protéger et de défendre contre toutes les pollutions et les agressions dont il est régulièrement la victime.

Index

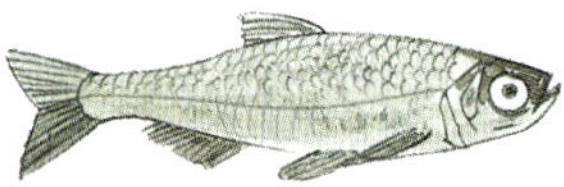

Cet ouvrage a été réalisé par les Éditions Milan avec la collaboration de Karine Forest, MPP.
editionsmilan.com

Conception graphique de la couverture : studio graphique des Éditions Milan
Conception graphique de l'intérieur et réalisation : cedricramadier.com

1, rond-point du Général-Eisenhower, 31101 Toulouse Cedex 9, France.

Loi 49.956 du 16.07.1949 sur les publications destinées à la jeunesse.
ISBN : 978-2-7459-5665-1
Dépôt légal : 1er trimestre 2018
Imprimé en Italie par Canale